Andreas Urban

Das kleine Handbuch Sicherheit
für den Sicherheitsdienstleistenden und Jedermann

AF285437

Das kleine Handbuch Sicherheit

für den Sicherheitsdienstleistenden und Jedermann

von

Andreas Urban
Sicherheitsberater

1., Auflage, 2009

BoD
Books on Demand

Herstellung und Verlag:
Books on Demand GmbH, Norderstedt
ISBN 978-3-8391-1074-4

Persönlich bedanken möchte ich mich bei meiner Lebenspartnerin „Drea" für ihre unendliche Geduld und Unterstützung, ohne die dieses Buch nicht möglich gewesen wäre.

Ebenso danke ich Trainingskamerad „Puh" für seinen Einsatz hinter der Kamera und die tollen Fotos.

Vorwort / Epilog

Dieser kleine Ratgeber für den Bereich „Schutz und Sicherheit" soll als Hilfe oder als Einstand in das komplexe Thema Sicherheit, Eigenschutz usw. benutzt und verstanden werden.

Jedes Themengebiet ist daher auch nur kurz angesprochen, um Interesse zu wecken oder anzuregen.

Alle Sachgebiete erfordern Fachwissen und die ständige Erweiterung und Erneuerung dessen.

Im Bereich der Selbstverteidigung ist zu sagen, dass nur häufiges und hartes Training den erwünschten Erfolg bringt.

Welche Maßnahmen oder Möglichkeiten auf den Einzelnen zutreffen, lässt sich pauschal nicht sagen und liegt immer an der Person und der Situation.

Kein System oder Fachbuch sowie eine noch so gute Ausbildung ist die perfekte Lösung. In der Praxis hat sich gezeigt, dass nur der seine Aufgabe oder seinen Auftrag erfüllt, der flexibel, besonnen und vorausschauend denkt und handelt.

Ferner lehnt der Autor jede Verantwortung für die Konsequenzen, die sich beim Trainieren, Ausprobieren oder beim Einsatz der beschriebenen Techniken und Taktiken beim Leser oder gegenüber Dritten einstellen, ab.

Zum Autor

- Sicherheitsberater
- Sicherheitsschulungen für Personen aus Wirtschaft / Privatem Bereich
- Einsätze im Begleitservice / Personenschutz
- Kampfsporterfahrung
- Dozent bei Bildungsträgern

Eigenschutz

Hier muss man unterscheiden zwischen dem beruflichen und privaten Anliegen.

a) Detektive, Doorman, Sicherheitsmitarbeiter usw.
b) Privatmann oder –frau mit persönlichem Anliegen

Der Eigenschutz fängt im Kopf an. Nur wenn man sich verschiedener Situationen bewußt ist, kann man sie analysieren und geeignete Maßnahmen ergreifen.

Erst ein paar Beispiele zu a)

- welchen Auftrag habe ich, welche Situationen könnten eintreten?
- wo/wann führe ich diesen Auftrag aus (Umfeld, soziale Ebene usw.)?
- wer/was kommt als potentieller Täter/Gegner in Betracht?

Jetzt zu b)

- welche Situation könnte auf mich zukommen?
- wo/wann begebe ich mich in eine oder setze ich mich einer Gefahr aus?
- wer/was kommt als potentieller Täter/Gegner in Betracht?

Man erkennt also, daß der Ansatz zur Analyse in beiden Bereichen ähnlich ist.

Im Profibereich gestaltet sich der Eigenschutz zum Beispiel wie folgt:

- häufiges Training von Verteidigungsmaßnahmen/-situationen
- je nach Umfeld/Auftrag Schutzmaßnahmen treffen (Schutzweste, Bewaffnung usw.)
- die Sondierung und Eingrenzung von Tätern/Gegnern (Vorabkennung)

Der private Bereich erfordert ähnliche Maßnahmen:

- wenn zeitlich/körperlich möglich, Teilnahme an Sicherheitsschulungen
- Änderung des Verhaltens der Situation angepaßt
- Anschaffen oder Anbringen von Sicherheitsanlagen im Bereich Haus, Geschäft oder Wohnung
- bei akuter Gefährdung/Bedrohung bleibt der Weg zur Polizei ein absolutes Muß!

Ist man sich selbst der Situation nicht sicher, bleibt noch der Weg zum Sicherheits-Profi zwecks einer Sicherheitsanalyse.

All die Maßnahmen/Hinweise sind nur eine kurze Auswahl der Möglichkeiten.
Bei jeder Art der Maßnahme ist an landeseigene Gesetze oder behördliche Auflagen zu denken.

Mögliche Gefahren können sein:

- allgemeine Gefährdung/Kriminalität
- zeitliche Gefahren (Veranstaltungen, Auftritte, Geschäftstermine/-reisen)
- personenbezogene Gefährdung
- allgemeine Motive (Rache, familiär, wirtschaftlich, politisch usw.)

Psychologie im Einsatz oder im alltäglichen Leben

Da man im Sicherheitsgewerbe mit den unterschiedlichsten Situationen und Menschen zu tun hat, ist ein Grundwissen von Verhaltensmustern unumgänglich. Die meisten Situationen kann man mit seiner eigenen Ausstrahlung meistern, dazu gehört:

- Kompetenz
- Durchsetzungsvermögen
- Flexibilität
- vorausschauendes Denken und Handeln.

Um nach diesem Schema handeln zu können, muss man über ein gesundes Selbstvertrauen und ein Gefühl der Selbstsicherheit verfügen. Nur dann wird man in der Lage sein, sich auch in schwierigen Situationen richtig zu verhalten und sich diesen gewachsen zu fühlen.

Selbstwertgefühl

- *das bin ich mir (oder anderen) Wert*
- *das macht mich unverwechselbar*

Selbstvertrauen

- *das kann ich leisten*
- *das sind meine Fähigkeiten*
- *das traue ich mir zu*

Selbstsicherheit

- *ich bin mir meiner selbst
  und meiner Fähigkeiten sicher*

Der größte Fehler ist, sich überheblich und von oben herab anderen gegenüber zu verhalten. Richtig ist ein freundliches, nicht aggressives, aber trotzdem bestimmendes Auftreten!

- freundliches Ansprechen
- kurz und bündig zum Thema kommen
- jede Art von Drohung und sonstiger Gestik unterlassen
- das Gegenüber sich äußern lassen
- an Verständnis und Einsicht appellieren
- sich für die Gesprächsbereitschaft/Problemlösung bedanken

Vorurteile bestimmen unser Handeln und Verhalten in extremen Situationen, dazu gehören:

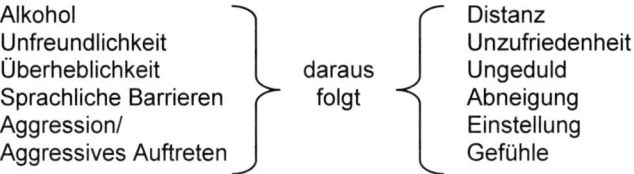

Alkohol		Distanz
Unfreundlichkeit		Unzufriedenheit
Überheblichkeit	daraus	Ungeduld
Sprachliche Barrieren	folgt	Abneigung
Aggression/		Einstellung
Aggressives Auftreten		Gefühle

Trotz dieser vielen Eindrücke darf man sich nicht gefühlsmäßig leiten lassen, sondern muss immer sachlich bleiben. Kein Vorurteil und keine Provokation darf unser Handeln bestimmen, da sonst sofort ein Kompetenz- und Imageverlust eintritt.

Die Lösung von Konfliktsituationen bedeutet also auch immer das Vorhandensein von Bereitschaft, auf Kompromisse einzugehen.

Als Abschluss sei noch zu sagen, das menschliche Verhalten ist zu komplex, um es in ein paar Zeilen zu erörtern. Auch hier soll nur ein Anstoß gegeben und Interesse geweckt werden. Konflikte und ihre Lösungen begleiten unser ganzes Leben und sichern somit auch unser Überleben.

Deeskalation im Einsatz

Das im Einsatz am meisten angewandte Mittel ist nicht die körperliche Gewalt oder die in Form von Waffen, sondern eher das vorausschauende Einschätzen und das Handeln in den verschiedenen Situationen.

Deeskalierend handeln bedeutet vorrangig, Situationen verbal, also mit Hilfe von Kommunikation zu klären, zu lösen oder zu entschärfen.

Erste Maßnahmen bei Veranstaltungen, z. B. im Einlass- oder Türbereich ist grundsätzlich der Einsatz von mindestens einem weiblichen Mitarbeiter:

a)   um – wenn nötig – Leibesvisitationen an weiblichen Personen durchzuführen,

b)   um im Vorfeld deeskalierend zu wirken.

c)   um – wenn nötig – in brenzligen Situationen einzugreifen und eventuell die Wogen zu glätten.

Weitere Maßnahmen im Einlass- oder Türbereich:

-    maximal 2 Leute (direkter Bereich)
     . Vorkontrolle Gästeliste, VIP sowie Einladungen, Karten usw.
     . Vorkontrolle nach Aussehen, Outfit und Vorgaben der Veranstalter

-    im Hintergrund - wenn nötig – 2 weitere Leute (indirekter Bereich), gerade bei Event- oder Sonderveranstaltungen.
     . Taschenkontrolle
     . Leibesvisitationen (abscannen)
     nach verbotenen Gegenständen (Waffen, Rauschgift usw.)
     . der Umfang richtet sich auch hier wieder nach den Vorgaben der Veranstalter und den gesetzlichen Regelungen

Gerade hier ist darauf zu achten, dass keine Provokation von uns ausgeht. Zwar sind Vorgaben oder Aufgabenstellung konsequent durchzusetzen und einzuhalten, aber trotzdem muss unser Verhalten Ruhe und Sicherheit ausstrahlen.

Merke! Keinesfalls sollten Arroganz, übertriebene Härte oder blinder Übereifer unser Handeln bestimmen.

Um auch bei Übergriffen oder Provokationen richtig zu handeln, sind Schulungen mit Einsatzübungen unbedingt erforderlich.

„Deeskalierendes Verhalten" bedeutet auch in extremen Situationen und unter Belastung ruhig zu bleiben und immer zu versuchen, auf sein Gegenüber angemessen einzuwirken.

Nicht immer kann oder wird dies Erfolg haben, aber oft entscheidend das weitere Handeln bestimmen.

Auch im Personenschutz ist das richtige Einschätzen von Situationen, z. B. Presse, Fans usw. besonders wichtig, besonnenes Handeln ist hier unbedingt erforderlich.

Eine Überreaktion kann nicht nur rechtliche Folgen haben, sondern auch den Arbeitsplatz oder den Auftrag kosten. Das heißt nicht, dass man bei unklaren Situationen oder bei dem berechtigten Verdacht nicht handeln soll oder sogar muss.

Lieber mit Ruhe und Sicherheit einmal mehr reagieren, als einmal zu wenig und somit die Sicherheit, die Gesundheit und das Leben von sich und anderen riskieren.

Standard-Begleitschutz-Variationen

(Legende: ◯ = Schutzperson

◼ = Begleitschützer)

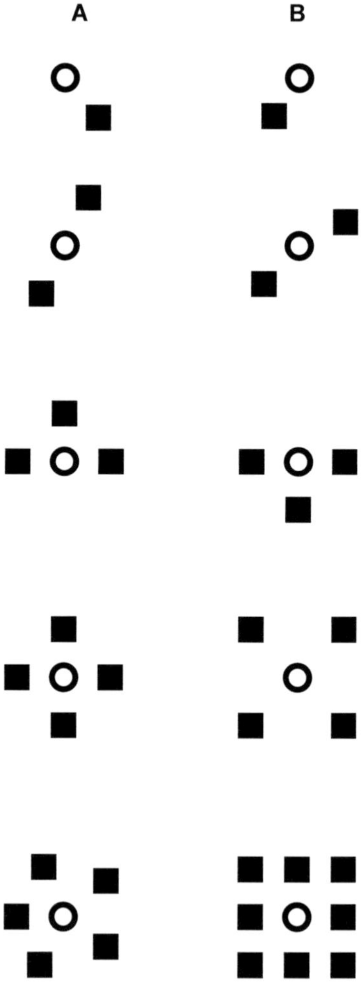

	A	B
1 Begleitschützer		
Staffel (2 Begleitschützer)		
Keil (3 Begleitschützer)		
Diamant (4 Begleitschützer)		
Schutzring (5-8 Begleitschützer)		

Bei Gefahrenerkennung ist es wichtig und ein absolutes Muss, deutliche Wörter zu verwenden, wie z.B.

- Waffe
- Bombe
- Messer
- Täter
- usw.

Die Gefahrenerkennung erfolgt somit **deutlich** und im Sinne der **Uhr**!

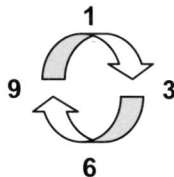

z.B.   „Täter – Waffe – 11 Uhr"

oder   „Achtung – Gefahr – 4 Uhr"

Ist keine Richtung erkennbar, erfolgt Ausruf bzw. Meldung

z. B.   „Angriff – Gefahr – keine Uhr"

oder   „Gefahr – keine Ortung oder Kennung"

Verschiedene Vorgehensweisen im Bereich von Personenschutz oder Sicherung von Personen

A) Eine Möglichkeit oder Maßnahme wäre die **permanent sichtbare**, das heißt man setzt bewusst darauf, dass potentielle Täter mitbekommen, dass Schutzmaßnahmen stattfinden und somit ein schwieriges Ziel vor ihnen liegt (Präventivmaßnahmen). Das kann unter anderem heißen:

- verstärkter Objektschutz
- Überwachungsanlagen, auch nach außen sichtbar
- erhöhter und verstärkter Personenschutz, z.b. auch für Familienmitglieder
- keine Privat-/Geschäftsaktivitäten mehr ohne erhöhten Schutz

Alle Maßnahmen laufen über einen längeren Zeitraum und sind somit mit einem erhöhten Aufwand an Logistik, Personal, Einsatzmitteln und sehr hohen Kosten verbunden.

B) Eine weitere Möglichkeit oder Maßnahme ist die meist praktizierte, dass heißt man setzt **nur bei besonderen Anlässen** (Geschäftstreffen, Events usw.) auf besondere Schutzmaßnahmen. Auch hier ist oder kann der Aufwand an Logistik, Personal oder Einsatzmitteln mit hohen Kosten verbunden sein. Potentielle Täter haben auch hier ein schwieriges Ziel vor sich, allerdings nur über einen bestimmten Zeitraum.

C) Auch **die Einzelbetreuung** ist eine Möglichkeit. Sie kann variabel angepasst werden. Allerdings neigt man dazu, wenn diese Maßnahme über einen längeren Zeitraum stattfindet, noch mehr als bei anderen Möglichkeiten in Vertrautheit und Routine gegenüber der Schutzperson und den alltäglichen Situationen zu verfallen; dies trägt nicht gerade zur Erfüllung der gestellten Aufgaben oder des Auftrages bei.

D) Die am schwierigsten zu gestaltende Maßnahme wäre die verdeckte und somit **nach außen nicht sichtbare**. Eine Abschirmung ohne gleichzeitige Nähe gestaltet sich im normalen Geschäftsalltag sehr schwierig. Sicher findet man auch hier eine Lösung, die kann unter anderem sein:

- Sekretär, Betreuer, neuer Partner usw.
- bis hin zum scheinbaren Verwandten oder
  Bekannten
- normaler Hausangestellter usw.

Vieles davon verlangt natürlich den Aufbau einer perfekten Legende und die damit verbundenen Tätigkeiten, um nach außen einer normalen Situation standzuhalten. Es kann sich hier um viele Begebenheiten halten, z. B. Geschäftstreffen, Freizeitaktivitäten, bis hin zu Einladungen bei Freunden usw.

Auch hier sei vermerkt – wie auch in allen Bereichen vorher -, dass ich nicht näher auf das genaue Vorgehen eingehe, da der Interessierte oder bereits in diesem Bereich Arbeitende auch so genug Anregungen finden oder sich weiter einschlägig weiterbilden wird.

**Gebäudekontrolle / Sicherheits-Check
(bezieht sich auf Geschäftstreffen, Einladungen usw.)**

Kurz-Check

Wo	=	Adresse, Umgebung usw.
Wie	=	Bauart, Fenster, Balkone, Türen usw.
Was	=	Läden, Büros, Firmen
Wer	=	Angestellte, Kunden, Mieter, Fremd-Publikum

Die 4 großen „W" sind als Kurz-Check flexibel einsetzbar.

___

Gebäude:
- Art des Gebäudes, Bauart
- Konstruktion, Dachform
- Stockwerke und Etagenanzahl
- Fenster, Balkone, Freiflächen
- Türen, Tore, Zu- und Ausfahrten

Innenbereich:
- Treppenhäuser, Fahrstühle
- Flure, Decken, Wände, Fenster
- Zugänge, Notausgänge

Technische
Gebäudeausrüstung:
- Brandschutzanlagen (Rauchmelder, Feuerlöscher, Sprinkler usw.)
- Alarm- und Überwachungsanlagen
- Sicherheitsfenster und –türen
- sonstige oder allgemeine Vorkehrungen

Verantwortlicher
oder
Ansprechpartner:
- Verwalter
- Hauswart
- sonstige Angestellte

wenn möglich, Telefonnummern und Namen, genaue Position oder Bezeichnung

Zutrittsmöglichkeiten
und
Voraussetzungen:
- Ausweise
- Schlüssel
- Chipkarten

für Gebäude, Garage, Räumlichkeiten, Fahrstühle usw.

Sicherheits-Check / Vorabplanung Hotel

- Auswahl von Hotel / und Umgebung
  - auch hier ist schon auf Sicherheitsbelange zu achten.

- Vorabgespräch mit Hotelmanager und -wenn vorhanden-
  mit hoteleigenem Sicherheitsdienst

- Vorabsichtung von Haupteingängen, Treppenhäusern,
  Tiefgarage, Stellplätze, Fahrstühle, Personaleingänge
  usw.

- Zimmer/Suite aussuchen und Vorabkontrolle, ob
  geeignet für Sicherungsmaßnahmen

- Festlegung von VIP-Service

- Einbeziehung der Hotelsicherheit, und -wenn möglich-
  Aufgabenplanung

- Zimmer für Einsatzzentrale / und Unterbringung von
  Ausrüstung und Sicherheitspersonal auswählen

- Maßnahmen für Notfälle, z. B. Feuer, Übergriffe usw.
  absprechen

- wenn möglich Personalliste (wenn Personal nur für uns
  zuständig ist, dann dieses nochmals und gesondert
  überprüfen), Gästeliste überprüfen

- Fahrtroute und Entfernung zum nächsten Krankenhaus /
  oder Rettungsstation erkunden

- Telefonnummern oder Kontakte zu Polizei / Sicherheits-
  behörden abstimmen

18

Kontrolle der genutzten Räumlichkeiten

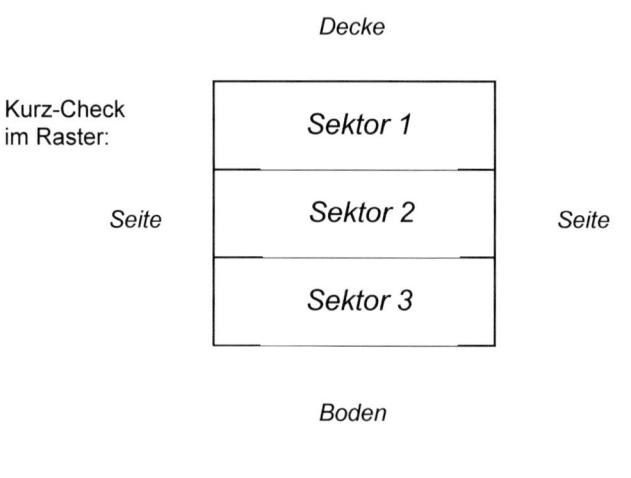

Kurz-Check
im Raster:

Nach Kurz-Check erfolgt genaue Sichtung und Überprüfung der Räumlichkeiten und der darin befindlichen Gegenstände.

Alle technischen Gegenstände werden geprüft, z. B. Fernseher, Klimaanlage, Radio, Telefon usw.

Alle beweglichen Gegenstände werden sehr vorsichtig bewegt, z. B. Tische, Teppich, Sessel, Bilderrahmen usw.

Auch hier können oder müssen sich die Maßnahmen nach der Gefahrensituation und Gefährdungsstufe richten, was bedeutet, Einsatz von Technik und Spezialisten bis hin zu behördlicher Unterstützung.

Bei Auffälligkeiten oder begründeten Verdacht sind Bereiche abzusperren und die Behördlichen Stellen zu verständigen, auf keinen Fall verdächtige Gegenstände berühren oder versuchen, diese zu entfernen.

Bombendrohung / Notfallplan

Jeder Gegenstand, sofern er in einem bestimmten Bereich als nicht dorthin gehörig erkannt wird, kann die angedrohte Bombe sein. Keine Manipulation an dem Gegenstand vornehmen. Durchsuchungsmaßnahmen sind grundsätzlich nur in Abstimmung und im Zusammenwirken mit der Polizei durchzuführen.

Durchsuchungsbereiche:
Von außen nach innen und von oben nach unten
- Gebäudeeingänge
- Außenbereiche
- Foyer, Flure, Toilettenräume, Empfangsräume usw.
- Treppen und Aufzüge
- nicht gesicherte Abstell- und Kellerräume
- ungesicherte Versorgungsschächte im Gebäude
- sonstige Innenräume
Durchsuchte Bereiche sind zu kennzeichnen.

Auffinden eines verdächtigen Gegenstandes:
- Gegenstand nicht mehr berühren
- alle Personen zum Verlassen des Gefahrenbereiches auffordern
- Gefahrenbereich weiträumig absperren

Bei Bombenverdacht ist unbedingt anzurufen:
- Lagedienst der Polizei .... ⎤ oder andere in
  ⎟ Ihrem Bereich
- Entschärfer der PTU .... ⎬ geltende
  ⎦ Telefonnummern
- Notruf der Polizei, z.B. Deutschland: 110

Fahrzeugkontrolle oder Sicherheits-Check

Man sollte jede Kontrolle immer anhand einer kurzen Checkliste abarbeiten, Hilfsmittel sind in jedem Fall erforderlich:

- Taschenlampe
- Spiegel (Zahnarztspiegel, Handspiegel, Unterboden- kontrollspiegel
- Multitool (Mehrzweckwerkzeug)
- Erste Hilfe / Latexhandschuhe

Sollte sich eine Unregelmäßigkeit / oder ein Verdacht bestätigen, sind unbedingt Spezialisten zu verständigen, entweder firmeneigene oder behördliche Sprengstoff- /Bombenexperten.

Der Minimal-Check in der Kurzform (ca. 5 min) hat bei jeder Fahrzeugübergabe / oder –übernahme stattzufinden; immer wenn das Fahrzeug ohne Aufsicht ist. Dabei spielt es keine Rolle, ob das Fahrzeug in der Hotelgarage, auf Firmen- gelände oder auf der Straße steht.

Bei der Kontrolle befindet sich nur derjenige am Fahrzeug, der diese durchführt, alle elektronischen Fremdgeräte (Handy, Scanner, Funkgerät, Piper) sind auszuschalten. Nach der Außensichtung wird der Wagen wie üblich mit dem Schlüssel geöffnet. Erst nach der Innensichtung und Motorraumsichtung wird der Wagen gestartet.

1) Sichtkontrolle von außen am Fahrzeug:

   auf verdächtige Spuren oder andere Auffälligkeiten, z.B. Flecken, Fingerabdrücke oder Gegenstände achten;

   - Türen, Türgriffe und –schlösser, Türfalze, Scheiben, Blick auch nach innen
   - Tankklappe
   - Motorhaube
   - Kofferraumklappe
   - Lüftungsschlitze
   - Kühlergrill
   - Scheinwerfer, Blinker
   - Kotflügel, Stoßstangen
   - Räder, Felgen, Fahrwerk
   - Nummernschilder
   - Auspuff

2)   Innenkontrolle erst als Sichtung nach Auffälligkeiten:

- Armaturenbrett, Radiokonsole, Freisprecheinrichtung
- Sonnenblenden, Rollos, Vorhänge
- Handschuhfach, Ablagebereiche, Aschenbecher
- Mittelkonsole, Fächer
- Lenkrad/-säule, Pedale
- Türverkleidungen
- Sitze, Kopfstützen, Armlehnen, Teppiche, Decken-
  bereich (Autohimmel)
- Kofferraum, Reserverad, Zubehör

3)   Sichtkontrolle im Motorraum, auch hier wieder Auffälligkeiten beachten:

- Luftfilter, Klimaanlage, Batterie (kann auch im Kofferraum sein)
- Zündkabel, Verteiler für Bordelektronik usw.

Rechtsgrundlagen (Auszüge aus StPO, StGB und BGB)

Vorläufige Festnahme § 127 Abs. 1 StPO

Wird jemand auf frischer Tat betroffen oder verfolgt, so ist, wenn er der Flucht verdächtig ist oder seine Identität nicht sofort festgestellt werden kann, jedermann befugt, ihn auch ohne richterliche Anordnung festzunehmen.
Die Feststellung der Identität einer Person durch die Staatsanwaltschaft oder die Beamten des Polizeidienstes bestimmt sich nach § 163 b Abs. 1.

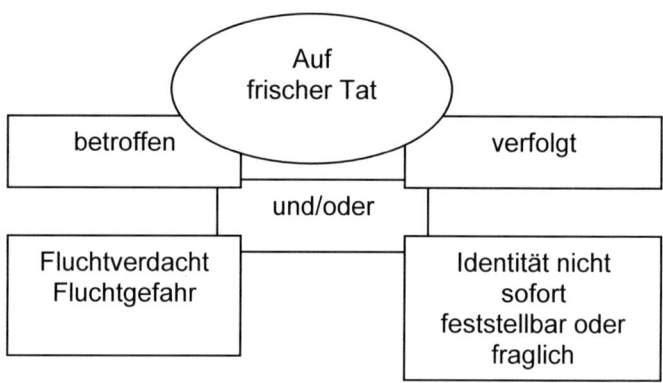

Notwehr § 32 StGB

(1) Wer eine Tat begeht, die durch Notwehr geboten ist, handelt nicht rechtswidrig.
(2) Notwehr ist die Verteidigung, die erforderlich ist, um einen gegenwärtigen rechtswidrigen Angriff von sich oder einem anderen abzuwenden.

Überschreitung der Notwehr § 33 StGB

Überschreitet der Täter die Grenzen der Notwehr aus Verwirrung, Furcht oder Schrecken, so wird er nicht bestraft.

Rechtfertigender Notstand § 34 StGB

(1) Wer in einer gegenwärtigen, nicht anders abwendbaren Gefahr für Leben, Leib, Freiheit, Ehre, Eigentum oder ein anderes Rechtsgut eine Tat begeht , um die Gefahr von sich oder einem anderen abzuwenden, handelt nicht rechtswidrig, wenn bei Abwägung der widerstreitenden Interessen, namentlich der betroffenen Rechtsgüter und des Grades der ihnen drohenden Gefahren, das geschützte Interesse das beeinträchtigte wesentlich überwiegt.
(2) Dies gilt jedoch nur, soweit die Tat ein angemessenes Mittel ist, die Gefahr abzuwenden.

Entschuldigender Notstand § 35 StGB

(1) Wer in einer gegenwärtigen, nicht anders abwendbaren Gefahr für Leben, Leib oder Freiheit eine rechtswidrige Tat begeht, um die Gefahr von sich, einem Angehörigen oder einer anderen ihm nahestehenden Person abzuwenden, handelt ohne Schuld.
(2) Dies gilt nicht, soweit dem Täter nach den Umständen, namentlich weil er die Gefahr selbst verursacht hat oder weil er in einem besonderen Rechtsverhältnis stand, zugemutet werden konnte, die Gefahr hinzunehmen; jedoch kann die Strafe nach § 49 Abs. 1 gemildert werden, wenn der Täter nicht mit Rücksicht auf ein besonderes Rechtsverhältnis die Gefahr hinzunehmen hatte.

Notwehr § 227 BGB

(1) Eine durch Notwehr gebotene Handlung ist nicht widerrechtlich.
(2) Notwehr ist diejenige Verteidigung, welche erforderlich ist, um einen gegenwärtigen rechtswidrigen Angriff von sich oder einem anderen abzuwenden.

Selbsthilfe § 229 BGB

Wer zum Zwecke der Selbsthilfe eine Sache wegnimmt, zerstört oder beschädigt oder wer zum Zwecke der Selbsthilfe einen Verpflichteten, welcher der Flucht verdächtig ist, festnimmt oder den Widerstand des Verpflichteten gegen eine Handlung, die dieser zu dulden verpflichtet ist, beseitigt, handelt nicht widerrechtlich, wenn obrigkeitliche Hilfe nicht rechtzeitig zu erlangen ist und ohne sofortiges Eingreifen die Gefahr besteht, dass die Verwirklichung des Anspruchs vereitelt oder wesentlich erschwert werde.

Selbsthilfe des Besitzers § 859 BGB

(1) Der Besitzer darf sich verbotener Eigenmacht mit Gewalt erwehren.
(2) Wird eine bewegliche Sache dem Besitzer mittels verbotener Eigenmacht weggenommen, so darf er sie dem auf frischer Tat betroffenen oder verfolgten Täter mit Gewalt wieder abnehmen.
(3) Wird dem Besitzer eines Grundstücks der Besitz durch verbotene Eigenmacht entzogen, so darf er sofort nach der Entziehung sich des Besitzes durch Entsetzung des Täters wieder bemächtigen.
(4) Die gleichen Rechte stehen dem Besitzer gegen denjenigen zu, welcher nach § 858 Abs. 2 die Fehlerhaftigkeit des Besitzes gegen sich gelten lassen muss.

Selbsthilferecht des Besitzdieners § 860 BGB

Zur Ausübung der dem Besitzer nach § 859 zustehenden Rechte ist auch derjenige befugt, welcher die tatsächliche Gewalt nach § 855 für den Besitzer ausübt.

(Verteidigungs-) Notstand § 228 BGB

Wer eine fremde Sache beschädigt oder zerstört, um eine durch sie drohende Gefahr von sich oder einem anderen abzuwenden, handelt nicht widerrechtlich, wenn die Beschädigung oder die Zerstörung zur Abwendung der Gefahr erforderlich ist und der Schaden nicht außer Verhältnis zu der Gefahr steht. Hat der Handelnde die Gefahr verschuldet, so ist er zum Schadensersatz verpflichtet.

(Angriffs-) Notstand § 904 BGB

Der Eigentümer einer Sache ist nicht berechtigt, die Einwirkung eines anderen auf die Sache zu verbieten, wenn die Einwirkung zur Abwendung einer gegenwärtigen Gefahr notwendig und der drohende Schaden gegenüber dem aus der Einwirkung dem Eigentümer entstehenden Schaden unverhältnismäßig groß ist.
Der Eigentümer kann Ersatz des ihm entstehenden Schadens verlangen.

Generell ist bei allen Vorgehensweisen die Verhältnismäßigkeit der Mittel zu beachten!

Die vorgenannten Gesetze und Verordnungen geben uns die Möglichkeit, unter eng begrenzten und genau definierten Voraussetzungen geeignete Maßnahmen zu ergreifen.

Bei jeder Art von Maßnahme oder Handlung ist zu bedenken und abzuwägen, dass man auch hier die rechtlichen Konsequenzen voll zu tragen hat!

Im weiteren folgen Tatbestände, mit denen wir sowohl im Arbeitsbereich oder im Privatbereich konfrontiert werden können.

Hausfriedensbruch § 123 StGB

Das Grundrecht der Unverletzlichkeit der Wohnung ist ein geschütztes Rechtsgut.

Dazu gehören auch

- Geschäftsräume
- befriedetes Besitztum
- abgeschlossene Räume, welche für den öffentlichen Verkehr und öffentlichen Dienst

bestimmt sind. Tatbestand wäre widerrechtliches Eindringen in die oben aufgeführten Bereiche oder ein Verweilen ohne Befugnis und ein Sich-nach-Aufforderung-nicht-entfernen.

Beleidigung § 185 StGB

Die Beleidigung wird mit einer Freiheitsstrafe bis zu einem Jahr oder mit Geldstrafe und, wenn die Beleidigung mittels einer Tätlichkeit begangen wird, mit Freiheitsstrafe bis zu zwei Jahren oder mit Geldstrafe bestraft.

Körperverletzung § 223 StGB

(1) Wer eine andere Person körperlich misshandelt oder an der Gesundheit schädigt, wird mit Freiheitsstrafe bis zu fünf Jahren oder mit Geldstrafe bestraft.
(2) Der Versuch ist strafbar.

Freiheitsberaubung § 239 StGB

(1) Wer einen Menschen einsperrt oder auf andere Weise der Freiheit beraubt, wird mit Freiheitsstrafe bis zu fünf Jahren oder mit Geldstrafe bestraft.

(2) Der Versuch ist strafbar.

(3) Auf Freiheitsstrafe von einem Jahr bis zu zehn Jahren ist zu erkennen, wenn der Täter

    1. das Opfer länger als eine Woche der Freiheit beraubt oder

    2. durch die Tat oder eine während der Tat begangene Handlung eine schwere Gesundheitsschädigung des Opfers verursacht.

(4) Verursacht der Täter durch die Tat oder eine während der Tat begangene Handlung den Tod des Opfers, so ist die Strafe Freiheitsstrafe nicht unter drei Jahren.

(5) In minder schweren Fällen des Abs. 3 ist auf Freiheitsstrafe von sechs Monaten bis zu fünf Jahren, in minder schweren Fällen des Abs. 4 auf Freiheitsstrafe von einem Jahr bis zu zehn Jahren zu erkennen.

Nötigung § 240 StGB

(1) Wer einen Menschen rechtswidrig mit Gewalt oder durch Drohung mit einem empfindlichen Übel zu einer Handlung, Duldung oder Unterlassung nötigt, wird mit Freiheitsstrafe bis zu drei Jahren oder mit Geldstrafe bestraft.

(2) Rechtswidrig ist die Tat, wenn die Anwendung der Gewalt oder die Androhung des Übels zu dem angestrebten Zweck als verwerflich anzusehen ist.

(3) Der Versuch ist strafbar.

(4) In besonders schweren Fällen ist die Strafe Freiheitsstrafe von sechs Monaten bis zu fünf Jahren. Ein besonders schwerer Fall liegt in der Regel vor, wenn der Täter

    1. eine Person zu einer sexuellen Handlung oder zur Eingehung der Ehe nötigt,

    2. eine Schwangere zum Schwangerschaftsabbruch nötigt oder

    3. seine Befugnisse oder seine Stellung als Amtsträger missbraucht.

Diebstahl § 242 StGB

(1) Wer eine fremde bewegliche Sache einem anderen in der Absicht wegnimmt, die Sache sich oder einem Dritten rechtswidrig zuzueignen, wird mit Freiheitsstrafe bis zu fünf Jahren oder mit Geldstrafe bestraft.
(2) Der Versuch ist strafbar.

Sachbeschädigung § 303 StGB

(1) Wer rechtswidrig eine fremde Sache beschädigt oder zerstört, wird mit Freiheitsstrafe bis zu zwei Jahren oder mit Geldstrafe bestraft.
(2) Ebenso wird bestraft, wer unbefugt das Erscheinungsbild einer fremden Sache nicht nur unerheblich und nicht nur vorübergehend verändert.
(3) Versuch ist strafbar.

**Kleine Dienstanweisung und Verhaltensregeln
für den Sicherheitsdienst**

1) • Arbeitsbeginn – 10 min vorher
   • Laden überprüfen
   • Info-Stelle oder Geschäftsleitung fragen:
     1. Vorkommnisse?
     2. Besondere Wünsche?
     3. Dienst/Vorgehen wie immer
     4. Arbeitsbeginn und Arbeitsende an- und abmelden
        (in Liste eintragen).
     5. Pausen (auch Raucherpausen und Toiletten-
        gänge) an-/abmelden
     6. Rufcode siehe Merkzettel. Türcodes wechseln
        öfters, aktuellen Code erfragen.

2a) Herren:
   • schwarzer Anzug (mit Weste)
   • weißes Hemd (kurzärmlig)
   • Schlips (jeweils einfarbig)
   • schwarze Socken
   • schwarze Schuhe (passend zum Anzug)
     - sind bei Arbeitsantritt oder nach Pausen sauber
       geputzt

2b) Damen:
   • schwarzer Hosenanzug oder schwarzes Kostüm (Rock
     knielang)
   • weiße Hemdbluse
   • schwarze Strümpfe
   • schwarze Schuhe (keinen extrem hohen Hacken)
     - sind bei Arbeitsantritt oder nach Pausen sauber
       geputzt

3a) Herren:
   • Haare gepflegt
   • Bart gepflegt oder rasiert
   • Fingernägel sauber/kurz

3b) Damen:
   • Haare gepflegt und frisiert (keine auffällige Färbung)
   • Fingernägel sauber gepflegt (Nagellack nur dezent)
   • dezentes Make up (nicht zu auffällig geschminkt)

4)
- sicheres Auftreten
- freundlich und hilfsbereit
- einsatzbereit – immer in Bewegung
- voller Einsatz und volles Interesse

5)
- Rauchpausen nur in den „Pausen"
- Stehen bei großer Hitze:
  Hemd kurzärmlig und mit Weste
  Niemals ohne Weste oder die Ärmel
  hochgekrempelt!
- Keine Kaugummis kauen!

6)
- Bei Einsatz im Team haben Pausen nur getrennt statt-zufinden.
- Eine Person bleibt immer im Einsatzbereich.

7)
- Arbeitsende:
- Rundgang durch das Geschäft bis der letzte Kunde das Haus verlassen hat.
  Kontrolle der Umkleidekabinen und Warenständer auf mögliche Verstecke.
  Wenn im Laden alles in Ordnung ist, als Abschluss-kontrolle Treppenhaus, Damen-/Herrentoiletten und Personalumkleidekabinen auf mögliche Verstecke und offene Fenster und Türen etc. kontrollieren.
- Nach Geschäftsschluss mit Geschäftsleitung zusammen den Laden verlassen.
  Dienst ist erst nach Schließung der Filiale oder nach Absprache beendet!

Verhaltensweisen im Bereich Sicherheit oder im Einsatz als Detektiv oder ähnliches

Vorgehensweise bei der Überführung eines vermeintlichen Ladendiebes bzw. sonstiger Strafbestände:

Die Überführung darf erst am Ende eines Delikts erfolgen, aber auch die Vorbereitung ist – wenn beweisbar – strafbar.

Warten Sie mit der Ansprache bis der vermeintliche Ladendieb den Kassenbereich verlassen hat. Verzichten Sie auf eine Ansprache bei bloßem Verdacht, aber beobachten Sie die Person weiter. Bei falscher Beschuldigung besteht die Gefahr einer Strafanzeige wegen Nötigung, Verleumdung und Freiheitsberaubung und der Geltendmachung zivilrechtlicher Ansprüche gegen Sie oder gegen das Unternehmen, den Auftraggeber (Kunde/Firma).

Versuchter Diebstahl innerhalb des Verkaufsraumes ist äußerst schwer nachzuweisen und wird aus diesem Grunde oft nicht verfolgt, aber auch hier bestätigen Ausnahmen die Regel.

Sprechen Sie den vermeintlichen Ladendieb nur dann an, wenn Sie den Vorgang selbst gesehen haben oder ein Mitarbeiter des Marktes den Vorgang beobachten konnte. Der Mitarbeiter muss jedoch absolut sicher sein, dass der Kunde die Ware nicht zurückgelegt hat.

Bei weiblichen Verdächtigen ist zwingend die Anwesenheit einer weiblichen Person vorgeschrieben zur Vermeidung von Situationen sexueller Nötigung usw.

Versäumnisse bei der Kontrolle seitens der Kassiererinnen sind mit äußerster Vorsicht zu behandeln; im Zweifelsfall liegt der Fehler beim Unternehmen.

Es gibt verschiedene Möglichkeiten des Ladendiebstahls oder die Vorbereitung dessen. Hier nur einige Beispiele: Umetikettierung, Verstecken von Waren in Behältnissen und Verpackungen, Entfernen von Sicherungen, Vorbereiten und Deponieren, und selbstverständlich das spontane Einstecken und Mitnehmen von Ware ohne Bezahlung.

Sprechen Sie den vermeintlichen Ladendieb von vorn unter Hinzuziehen von Zeugen betont ruhig, höflich und sachlich an. „Guten Tag! Entschuldigen Sie bitte. Wir möchten eine Unstimmigkeit klären. Würden Sie bitte mit ins Büro kommen?" Geben Sie sich immer als Sicherheitsdienst bzw. Detektiv zu erkennen. Dem vermeintlichen Ladendieb niemals von vornherein einen Diebstahl oder eine andere Straftat unterstellen.

Sollte eine Person Widerstand leisten, so ist gemäß § 127 StPO (vorläufige Festnahme) zu verfahren. Machen Sie von den Rechten der vorläufigen Festnahme nur dann Gebrauch, wenn damit keine Gefahr von Leib und Leben verbunden ist. Lassen Sie sich mit gewalttätigen Ladendieben nach Möglichkeit in kein Handgemenge ein. Sollten Sie Gewalt zur Notwehr einsetzen müssen, so denken Sie an die Verhältnismäßigkeit. Keiner soll einen Helden spielen; das eigene Leben und die Sicherheit von Dritten geht vor. Gegebenfalls den Dieb laufen lassen und verfolgen. Unterwegs verständigen Sie dann die Polizei.

Nehmen Sie den vermeintlichen Ladendieb beim Gang ins Büro in die Mitte, oder – wenn Sie allein sind – bitten Sie den Ladendieb versetzt vorauszugehen. Achten Sie auf seine Hände, damit er sich nicht des Diebesgutes entledigt (Beweissicherung), bzw. eine Waffe ziehen kann. Er hat die Hände nicht in seine Taschen zu stecken. Verhalten Sie sich trotz berechtigten Verdachts relativ unauffällig, so dass nicht sämtliche Kunden und Mitarbeiter auf Sie aufmerksam werden.

Im Büro darf der Verdächtige niemals allein oder unbeobachtet sein. Es könnte die Möglichkeit bestehen, dass dieser eine Waffe oder waffenähnliche Gegenstände bei sich trägt (Schuss- oder Stichwaffe o. ä.), mit der er entweder Ihnen oder sich selbst – aufgrund der Schocksituation – Schaden zufügen könnte. In diesem Fall würden Sie die Verantwortung für alles weitere Geschehen tragen. Auch ist darauf zu achten, dass der Verdächtige seine Hände weder in den Jacken- noch in den Hosentaschen lässt. Aus diesen Sicherheitsgründen gilt auch ein Rauchverbot für den Verdächtigen. Wichtig ist auch im Büro keine waffenähnlichen Gegenstände im Griffbereich des Verdächtigen zu lassen (z. B. Schere, Brieföffner, Aschenbecher usw.).

Geben Sie ruhig und sachlich bekannt, was Sie von ihm wollen und vermeiden Sie während des Gesprächs Begriffe wie Dieb, Diebstahl oder ähnliches. Nötigen Sie keine Geständnisse mit Drohungen ab. Zusagen oder Drohungen sind grundsätzlich untersagt. Bitten Sie den Ladendieb, die Ware freiwillig herauszugeben.

Fordern Sie zur Aufnahme der Personalien für das Strafanzeigenprotokoll den überführten Ladendieb auf, Personalausweis oder Reisepass oder Führerschein (im Führerschein befinden sich meist veraltete Angaben) als Nachweis der Identität vorzulegen.

Verständigen Sie bei Jugendlichen und Kindern sofort die Eltern des Betroffenen. Sind diese nicht zu erreichen, wenden Sie sich sofort an die Polizei.

Die Polizei ist generell zu verständigen bzw. hinzuzuziehen:

- Der überführte Ladendieb will sich nicht ausweisen
- Der Verdächtige weigert sich die mitgebrachten Behältnisse oder Taschen auszuleeren.
- Im Ausweis des überführten Ladendiebes befindet sich ein Stempel „OFW" (ohne festen Wohnsitz)
- Sie haben den zwingenden Verdacht, dass es sich um einen Profi handeln könnte
- Bei Personen ohne deutschen Ausweis bzw. mit Wohnsitz im Ausland.

Eine körperliche Durchsuchung des Überführten oder Verdächtigen ist nicht zulässig. Ebenso wenig eine Durchsuchung der Taschen, Beutel oder andere Behältnisse.

Wenn es vorher zu Tätlichkeiten kam und/oder der begründete Verdacht auf versteckte Waffen oder waffenähnliche Gegenstände besteht, so ist im Sinne von Eigenschutz bzw. Gefahrenabwehr und nicht zuletzt auch zum Schutz des Täters vor sich selber eine Durchsuchung unbedingt erforderlich und diese auch vertretbar.

Es sei noch darauf hinzuweisen, dass Lederhandschuhe oder sogenannte Einmalhandschuhe dabei auch zum Eigenschutz gehören.

Auch sollte man immer fragen, ob der Verdächtige Gegenstände bei sich führt, an denen man sich schon bei Berührung verletzen könnte, wie z. B. Spritzen, Rasierklingen usw.

Zu erwähnen sei auch noch, dass die vorgenannten Lederhandschuhe auch als Vorsatz für Tätlichkeiten vor Gericht ausgelegt werden können, auch das kam schon vor.

Bei Personaldiebstählen ist sofort Ihr direkter Vorgesetzter (Sicherheitsunternehmen) von einem externen Telefon aus anzurufen und die Geschäftsleitung zu informieren, um weiteres Handeln abzustimmen.

Fehlgriffe dürfen nicht vorkommen, aber sie kommen leider immer wieder vor. Bei einem Fehlgriff kann der Detektiv wegen falscher Beschuldigung und Freiheitsberaubung strafrechtlich verfolgt werden. Eine Verurteilung dahingehend kann dann zwangsweise zu einer Auflösung des Arbeitsverhältnisses bis hin zum Auftragsverlust führen.

Bei einem Fehlgriff müssen Sie sich in aller Form beim Kunden entschuldigen. Sollte der Kunde Ihre Personalien haben wollen, so versuchen Sie ihm die Telefonnummer der Firma mit dem Ansprechpartner zu geben.
Sofort in der Firma anrufen und diese über den Vorfall informieren!

Jedem überführten Täter wird ein Hausverbot erteilt. Je nach Unternehmen ist die Dauer des Hausverbots vom aktuellen Zeitpunkt (heutiges Datum) unterschiedlich. Die genaue Dauer entnehmen Sie bitte den Dienstanweisungen. Auch ist oft eine Bearbeitungsgebühr gefordert, diese ist je nach Unternehmen unterschiedlich.

Arbeitsbeispiel: Monitor-/Kameraraum

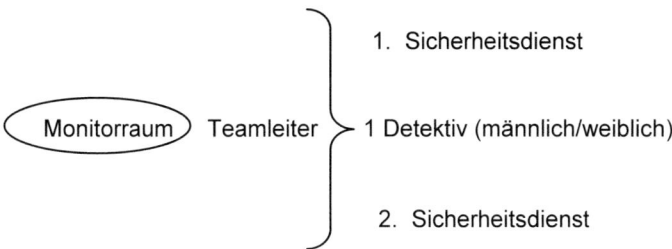

Monitorüberwachung durch „Teamleiter": Prüfung/Weitergabe an Detektiv, dann Zugriff vom Sicherheitsdienst.

Auch hier wahlweiser Einsatz (männlich/weiblich) zwecks Steigerung der Quoten beim Zugriff.

Durch laufenden Wechsel im Stil der Kleidung und im Auftreten, z. B. Pärchen, Mutter + Kind, Handwerker usw. ist niemals ein Gleichstand in der Überwachung möglich.

Unter Zuhilfenahme von Kommunikationstechnik (Handy, Funkgeräte, usw.).

Beispiele von Zeugenaussagen

Ich beobachtete gegen _____ Uhr die umseitig genannte/n Person/en, wie sie in der _____-Abteilung die umseitig aufgeführte Ware aus der Auslage nahm/en und diese in ihre _____ (Tasche, Jacke, Tüte, etc.) steckten.
Die Person/en durchquerten den Kassenbereich ohne die Ware zu bezahlen.
Nach dem Kassenbereich angesprochen und ins Büro gebeten.

a: ... Die Person ging mit der Ware in der Hand durch die Abteilung in eine andere und steckte sie dort in....

b: ... sodann ging die Person in die _____-Abteilung und entnahm dort (Ware) und steckte sie ebenfalls ein.....

Er/sie kam (un-)freiwillig mit. (z.B.: er versuchte die Ware unterwegs abzulegen (Angabe wo?). Er /sie gab die Ware im Büro freiwillig heraus.

- Die Ware verbleibt im Haus.
- Hausverbot wird mündlich erteilt
- Auf dem Protokoll muss zusätzlich vermerkt werden:
  - wenn der Diebstahl nicht zugegeben wird,
  - Unterschrift verweigert
  - Diebstahl wird bestritten.
- Zeugen:
  - Name, Vorname
  - Geb.-Datum
  - Anschrift
- Vorgangsnummer der Polizei

Die Ware muss genau beschrieben und benannt werden, der Warenwert muss ebenfalls genau angegeben werden.

Auswirkungen von Selbstverteidigungstechniken auf besonders empfindliche Körperstellen

Jede Technik ist nur unter Maßgabe der Notwehr und unter Abschätzung der Verhältnismäßigkeit eines Angriffes auszuführen und somit „dosiert" anzuwenden.

Gefahr für Leib und Leben (Lebensgefahr bis hin zum Tod) besteht:

- **Genick**   Bruch des Halswirbels
- **Kehlkopf**   Zerstörung/Eindrücken
- **Halsschlagader** einseitig = Lähmung
  beidseitig = Tod

Gefahr für schwere Schäden bis hin zum Tod besteht:

- **Hoden**   Bewusstlosigkeit, Zeugungsunfähigkeit
- **Ohren**   Trommelfell zerstört = Hörverlust, Beeinträchtigung vom Gleichgewichts- sinn
- **Augen**   Sehverlust oder -beeinträchtigung
- **Schläfen**   Knochensplitter oder Blutgerinnsel schädigen das Hirn
- **Leber**   ⎫ jeweils Riss/Blutungen
- **Milz**   ⎬ im Bauchraum oder
- **Nieren**   ⎭ auch Quetschung
- **Herz**   Versagen von Herz-Kreislauf-System, Herzflimmern
- **Nasenbein** stößt ins Stirnhirn = Hirnschädigung
- **Wirbelsäule** Lähmung von bestimmten Bereichen

Bei einer Notwehrhandlung ist unbedingt auf Folgendes zu achten:

- wenn der vermeintliche Täter seinen Angriff abbricht oder vorzeitig beendet,

- oder wir seinen Angriff stoppen oder beenden,

so ist die Handlung unsererseits entsprechend der Situation abzubrechen.

Sollte sich der vermeintliche Täter/Angreifer verletzen oder zu Schaden kommen, so sind wir zu 1. Hilfe-Maßnahmen verpflichtet.

Selbstverteidigungstechniken in Wort und Bild

Der Autor verweist ausdrücklich darauf, dass er jede Verantwortung für die Konsequenzen ablehnt, die sich beim Trainieren, Ausprobieren oder beim Einsatz der beschriebenen Techniken und Taktiken beim Leser oder gegenüber Dritten einstellen.

Gegner kommt frontal auf uns zu: Ausfallschritt nach vorn, beide Hände offen und auf Abwehr (laut: Stop, Nein, Schluss jetzt oder ähnliches), dann Schläge mit Handballen (Trommelfeuer) ins Gesicht und schnelle Tritte gegen Schienbein/Knie.

Gegner will mit Arm zufassen oder stoßen: Mit gestrecktem Arm wegschlagen, mit selbem Schwung die Rückhand und danach die flache Hand ins Gesicht, dann schnelle Tritte gegen Schienbein oder Knie.

Gegner fasst mit rechts zum Kragen, Hals usw.: mit linker Hand sein rechtes Handgelenk packen (fixieren); mit rechter Hand (Kralle) gleichzeitig in den Hals schlagen und sofort Kniestöße mit rechtem Knie in den Unterleib.

Gegner steht vor uns: Unseren rechten Fuß quer auf Fuß von Gegner stellen (fest stehen mit ganzem Gewicht); sofortiger/gleich-zeitiger Handballenschlag oder Uppercut mit Faust unter das Kinn

Gegner fasst mit rechter Hand an die Jacke (ca. Brusthöhe): Mit linker Hand Kipphandhebel ansetzen, mit rechter Hand nachfassen, schwungvoller Halbkreisschritt mit linkem Bein nach hinten. Gegner kommt in Schräglage oder geht zu Boden, sofort Fußtritt mit rechtem Bein in den Bereich der kurzen Rippen. Anschließend mit linkem Fuß im Halsbereich fixieren.

Gegner hat Kragen, Jacke usw. mit rechts gefasst: linken Arm von innen nach außen über Arm vom Gegner und diesen versuchen zu hebeln bzw. zu klemmen. Gleichzeitiger Schlag/Griff an den Hals und mehrere Kniestöße mit rechts in den Unterleib.

Gegner fasst einhändig mit rechtem Arm an Kragen, Jacke usw.:
Jetzt mit rechtem Unterarm unter das Handgelenk und linker Hand (oder Unterarm) auf Unterarm vom Gegner, beide Bewegungen schnell und kraftvoll, dann ergibt sich ein Armhebel; bei Misslingen (Überrutschen) Schläge mit Faust/ Ellbogen zum Kopf.
Anschließend Kniestöße zum Unterleib mit rechts.

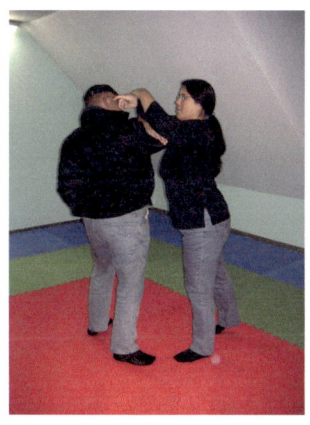

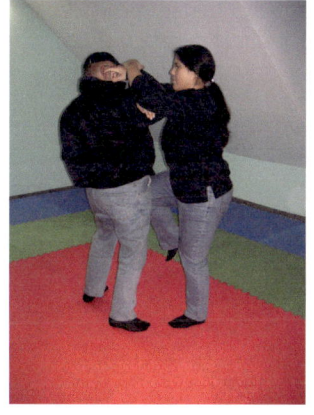

Gegner fasst mit rechts in Brusthöhe:
Erst mit linkem Unterarm schwungvoll auf seinen Arm (im Bereich vom Handgelenk) schlagen, dabei mit der rechten Hand nachfassen. Gegner wird zu uns ran gezogen (Kopfstoß, wenn möglich), rechte Hand lösen und Ellbogenschlag gegen Kopf, anschließend mit rechts Fußtritt in den Unterleib

Gegner will mit rechts in Schulterhöhe zufassen: Zum Gegner eindrehen und Scherenschlag (links am Handgelenk, rechts hinterm Ellbogen), dann mit linker Hand Handgelenk packen und mit rechts Ellbogenstoß in die Rippen, dann unterhebeln, schwungvoll nach hinten reißen (Armhebel) und mit rechtem Bein Kniestoß in den Unterleib.

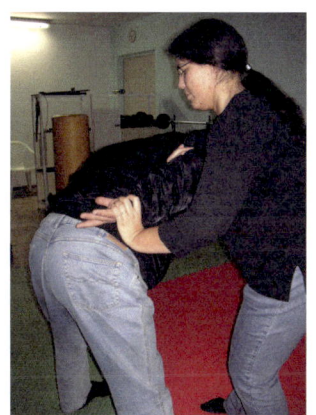

Gegner steht in Kampfstellung vor uns:
Tritt gegen sein vorne stehendes Bein (Kniebereich) mit dem linken Bein („täuschen"), sofort mit dem rechten Bein nachtreten – ebenfalls in den Kniebereich, diesmal gegen sein hinten stehendes Bein.
Jetzt schnelle Schläge ins Gesicht, anschließend mit rechts Ellbogenschlag gegen den Kopf.

Gegner steht hinter uns (z. B. am Auto), seine rechte Hand auf unserer rechten Schulter: Nach rechts eindrehen und Ellbogenstoß nach hinten, nach links drehen und Ellbogenstoß nach hinten, noch mal mit rechts eindrehen und Ellbogenstoß nach hinten. Dann vollständige Körperdrehung nach rechts und mit linkem Handballen zum Kinn (oder Kralle zum Hals), jetzt Kniestöße mit links zum Unterleib.

48

Gegner würgt beidhändig von hinten:
Kinn runterdrücken, leichter Schritt nach rechts, Ellbogenstoß mit links, Körperdrehung nach links und mit linkem Arm über die Arme vom Gegner greifen und diese einklemmen. Mit rechts mehrere Ellbogenschläge gegen Kopf, abschließend Kniestöße in den Unterleib.

Gegner greift von hinten unter unseren Armen nach vorne und verschränkt seine Hände:
Seine Finger (egal welchen!) greifen, jeweils mit rechter und linker Hand seine Finger brechen und seine Arme auseinander spreizen. Hände lösen und mit links (rechte Hand greift auf unsere linke Faust) mehrere Ellbogen-stöße in den Bauch des Gegners; jetzt Körperdrehung nach links, Handballen/Faust unter das Kinn und mit rechts mehrere Kniestöße zum Unterleib.

Gegner steht auf unserer rechten Seite neben uns und legt seinen linken Arm um unsere Schultern: Mit unserer linken Hand greifen wir nach seinem Handgelenk (Finger, Ärmel), um ihn zu fixieren. Mit rechts Ellbogenstöße in die kurzen Rippen (oder Bauch). Fixierung vom Gegner lösen, Körperdrehung nach rechts, mit links Handballen unters Kinn schlagen (oder Kralle in den Hals), sofort Kniestöße in den Unterleib.

Gegner verhält sich wie zuvor:
Mit rechts schwingen wir von hinten über den Arm vom Gegner, drehen unsere Handinnenseite zum Kinn und überstrecken ruckartig seinen Kopf nach hinten. Nach rechts eindrehen, mit links Fauststoß in den Bauch (solar-plexus), dann mit links Kniestöße in den Unterleib.

Gegner verhält sich wie zuvor und fasst zusätzlich mit seiner rechten Hand zum Bauch/ Brustbereich: Mit rechts Schockschlag oder Griff in die Genitalien, dann rechts eindrehen und mit linkem Handballen unters Kinn (oder Kralle in den Hals), sofort Kniestöße in den Unterleib.

Gegner steht rechts dicht neben uns:
Kurzer Ausfallschritt nach rechts und mit rechts Ellbogenstoß in den Bauch (oder auf solar-plexus), dann Peitschschlag (mit Faust oder flacher Hand) mit rechts ins Gesicht. Handballenschlag mit links unters Kinn und mit links Kniestoß in den Unterleib.

Gegner verhält sich wie zuvor, jedoch etwas weiter weg:
Diesmal zuerst seitwärts Tritt mit rechts gegen das Knie, dann absetzen und verfahren wie zuvor.

Gegner steht hinter uns und greift mit rechts in die Haare: Mit links rückwärts Tritt gegen Knie, Fuß absetzen, Körper nach links eindrehen und mehrere Ellbogenstöße gegen den Kopf.

Gegner greift beidhändig zum Hals:
Kinn runterdrücken. Beide Unterarme mit voller Wucht auf die Arme des Gegners schlagen, dann (Frontalkopfstoß möglich) mehrere Kniestöße in den Unterleib.

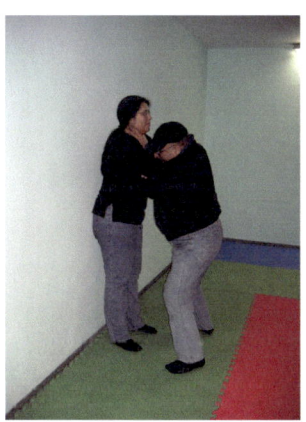

Gegner würgt beidhändig von vorn:
Kinn runterdrücken, mit rechts Handballenstoß von unten zwischen den Armen des Gegners Richtung Kinn, dann Arm anwinkeln und Ellbogenstoß kurz unter den Halsansatz, sofort mit rechts mehrere Kniestöße in den Unterleib.

Gegner würgt beidhändig von vorn:
Kinn runterdrücken, den rechten Arm ruckartig über die Arme vom Gegner schwingen, sofort mehrere Ellbogenstöße zum Kopf. Abschließend mehrere Kniestöße mit rechts in den Unterleib.

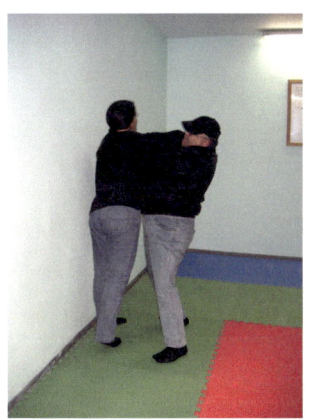

Gegner würgt beidhändig
von vorn:
Kinn runterdrücken, beid-
händig mit den Handinnen-
flächen auf die Ohren des
Gegners schlagen, sofort
Genickdrehhebel ansetzen
(linke Hand am Hinterkopf,
rechte Hand am Kinn), dann
mehrere Kniestöße mit
rechts in den Unterleib.

Gegner bedroht uns von vorn mit Messer (Abstand ca. 1m): Halbkreis-Fußtritt mit rechts gegen Messerhand (Fuß nicht absetzen), dann sofort Seitwärtstritt gegen rechtes Knie des Gegners (Fuß absetzen – Distanz ist verringert), sofort mit rechts Ellbogenstoß zum Kopf, und links Fauststoß in die kurzen Rippen (oder Leber).

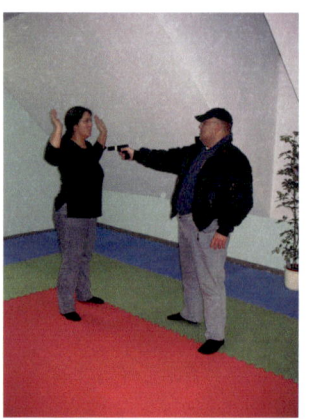

Gegner bedroht uns von vorne mit Pistole:
Hände hoch, Körperdrehung nach rechts, mit rechter Hand auf Waffenhand greifen, mit linker Hand von untern auf die Waffe greifen, und ruckartig die Waffe zum Gegner drehen, zusätzlich mit rechts Tritt zum Knie.
Waffe somit entrissen und einen ganzen Schritt zurückgleiten (Abstand). Mit der Waffe den Gegner unter Kontrolle halten.

Gegner schlägt von oben/ seitwärts gezogen mit Schlagstock in Richtung unserer linken Körperseite: Körperdrehung nach links (mit rechtem Bein Schritt nach vorn, in den Gegner) und Doppelblock mit den Unterarmen gegen den Waffenarm. Mit links Handgelenk greifen, mit rechts Schlag hinter den Oberarm, dabei rechten Fuß hinter rechtes Bein vom Gegner und wegsicheln, Gegner in Bodenlage bringen. Waffenarm vom Gegner immer noch festhalten und über unser linkes Bein ruckartig strecken, somit entwaffnen (eventuell Fußtritt mit rechts in die Rippen). Rechten Fuß zum Fixieren in die Kehle oder rechtes Knie in die Rippen und mit rechts Fauststoß zum Kinn bzw. Kralle zum Hals.

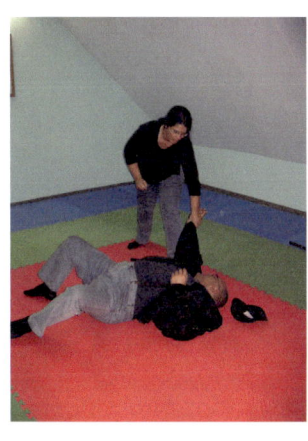

 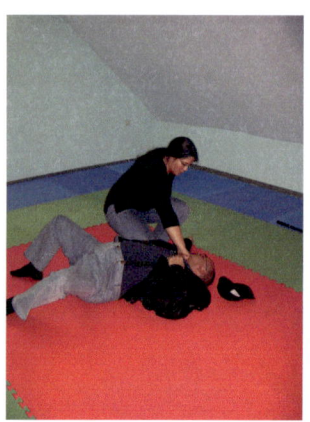

In unserer rechten Hand befindet sich ein Taschenschirm, gerollte Zeitung oder ähnliches.
Gegner greift/schlägt mit rechts Richtung Körpermitte: Fetzender Schlag zur Hand und mit dem selben Schwung Schlag zum Kopf des Gegners.

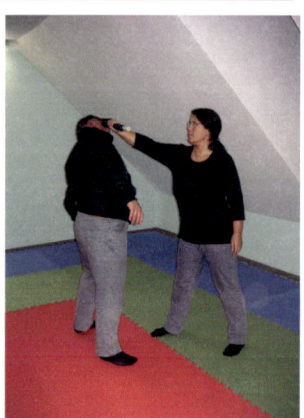

In unserer rechten Hand befindet sich ein Taschen-schirm, gerollte Zeitung oder ähnliches.
Gegner kommt frontal auf uns zu:
Stoß in den Bauch, nach oben gezogener Stoß zum Kinn, dann von rechts Stoß zum Kopf.

In unserer rechten Hand befindet sich ein Taschenschirm, gerollte Zeitung oder ähnliches.
Gegner greift mit rechts zum Kragen/Hals:
Mit links Handgelenk packen und Gegner fixieren. Stoß in den Bauch, dann seitwärts in die Rippen stoßen. Fetzender Schlag über Oberschenkel oder Kniekehle und mit selbem Schwung Schlag zum Kopf/Hals des Gegners.

In unserer rechten Hand
befindet sich ein Taschen-
schirm, gerollte Zeitung
oder ähnliches.
Gegner greift mit rechts
oder will zufassen:
Sofort Schlag zum Hand-
gelenk, jetzt fetzender
Schlag über das Gesicht
und mit selbem Schwung
fetzender Schlag über das
Knie.

Gegner kommt frontal auf uns zu und versucht mit rechts nach uns zu greifen:
Wir haben einen Kugelschreiber, Bleistift oder ähnliches in unserer rechten Hand.

a) Stich in den   b) Stich in die   c) Stich ins Auge.
    Hals.   Schlüsselbein-
                         grube.

Wir haben einen Tonfa in unserer rechten Hand. Gegner schlägt frontal von oben mit Schlagstock Richtung unseren Kopf: Ausfallschritt nach vorn, mit linkem Unterarm den Schlagarm vom Gegner blocken. Mit rechts Stoß in den Bauch, dann Stoß unter das Kinn, jetzt gedrehten Schlag zum Kopf und Kniestoß zum Unterleib.

Gegner stößt von oben mit dem Messer zu:
Mit links Ausfallschritt nach vorne und mit linkem Arm Block zum Waffenarm, danach Handgelenk fassen. Gleichzeitig Kralle mit rechter Hand in den Hals, dann Kniestöße in den Unterleib.

Gegner greift/schlägt mit rechts frontal in Richtung unseres Gesichts:
Leicht mit rechts von innen nach außen blocken, mit links Fauststoß (kurzer Haken) in die Leber. Mit rechts über den geblockten Arm zum Kopf/Gesicht vom Gegner schlagen. Danach Kniestoß zum Unterleib, Gegner mit rechts an der Schulter und mit links an der Hüfte packen, Ausfallschritt mit rechtem Bein nach hinten, Gegner nach vorne ziehen und sofort mehrere Kniestöße zum Körper.

Gegner greift von rechts Richtung Kragen/Hals:
Linken Arm von außen über den Arm des Gegners schwingen unter der Achsel durch zum Rücken greifen, sofortiger Schlag mit rechts zum Gesicht, jetzt weiter zur Schulter greifen, Ausfallschritt mit rechts nach hinten, sobald der Gegner in Schräglage ist, mehrere Kniestöße mit rechts ins Gesicht oder in den Brustbereich.

Gegner steht uns in Kampfstellung gegenüber und schlägt mit rechts eine Gerade in Richtung unseres Gesichts:
An seinem Schlag vorbei mit links zum Gesicht schlagen, sofort mit rechts in Richtung seines Kinns schlagen, jetzt mit dem rechten Fuß mehrmals zum Unterleib oder Brustbereich treten.

Wenn wir uns in der Bodenlage befinden, sofort in die seitliche Lage drehen zum Gegner hin, wenn nötig Position mehrmals wechseln. Mit rechts oder links immer in den Kniebereich des Gegners treten.

Quellennachweis

- Auszüge aus dem Strafgesetzbuch
(StGB) – Allgemeiner Teil

- Auszüge aus dem Bürgerlichen Gesetzbuch
(BGB)

- Auszüge aus der Strafprozessordnung
(StPO)

Der Autor übernimmt keine Verantwortung für die Vollständigkeit und Änderung von Paragraphen und Gesetzestexten.